瞭解你七歲的孩子

艾爾絲·奧斯朋 著
(Elsie Osborne)

柯平順、王之光 譯

三民書局

國家圖書館出版品預行編目資料

瞭解你七歲的孩子／艾爾絲・奧斯朋
（Elsie Osborne）著；柯平順，
王之光譯 .--初版 .--臺北市：三民，
民85
　　　面；　　公分
譯自：Understanding your 7
　　　year old
參考書目：面
ISBN 957-14-2436-6（平裝）

1.兒童心理學

173.12

國際網路位址　http://sanmin.com.tw

© 瞭解你七歲的孩子

著作人	艾爾絲・奧斯朋（Elsie Osborne）
譯　者	柯平順　王之光
發行人	劉振強
著作財產權人	三民書局股份有限公司 臺北市復興北路三八六號
發行所	三民書局股份有限公司 地　址／臺北市復興北路三八六號 郵　撥／〇〇〇九九九八——五號
印刷所	三民書局股份有限公司
門市部	復北店／臺北市復興北路三八六號 重南店／臺北市重慶南路一段六十一號
初　版	中華民國八十五年九月

編　號　S 52076

基本定價　肆　元

行政院新聞局登記證局版臺業字第〇二〇〇號

ISBN 957-14-2436-6（平裝）

盧序 — 愛他・請認識他

　　淘氣「阿丹」上學的第一天，帶了個「阿丹塑像」及「錄音機」到教室上課。

　　原班老師久聞「阿丹」盛名，第一天上課就請病假，由代課老師上課。代課老師問阿丹怎麼才剛上課就「不安於室」的搬出「塑像」和「錄音機」。阿丹指著阿丹塑像說：「『他』是來代替我上課的，你瞧！他最乖了，不吵也不鬧！錄音機是用來錄音你講的課，因為我媽媽說你講的每一句話我都要記住。有了這些道具，我是不是就

可以出去玩了呢?」代課老師說:「你簡直亂來,怎麼可以找人代替上課呢?」阿丹理直氣壯的說:「可以有『代課老師』,為什麼不可以有『代課學生』呢?」

這個個案裡說明了當今教養與教育上的諸多問題,如果父母與老師瞭解孩子的發展與需求,也許「暴走族」的孩子就不會產生了。為了讓2000年的臺灣孩子有更生動活潑,以及更人性化的學習環境,上至教育部、教改會,下至民間各個團體紛紛卯足熱勁,扮起教育改革的「拼命三郎」。在參與及推動教育改革的過程中,我和一起工作的老師、父母們有快樂歡愉的經驗,但也有黯然神傷的時候,最重要的原因在於成人往往忽略孩子各個階段的發展與個別差異的需求,這也正是現今「教育鬆綁」窒礙難行之處,真愛孩子就必

須為孩子量身訂做適合孩子成長的學習環境。

　　三民書局為使父母與老師對孩子的發展能更瞭解與認識，同時對孩子的各種疑難雜症，能有「絕招」以對，將採由E. 奧斯朋(E. Osborne)主編「瞭解你的孩子」(*Understanding Your Child*)系列叢書，聘請學理與實務經驗俱豐的專家譯成中文以饗讀者。希望藉此，讓父母與教師在面對各個不同的個案時，能迎刃而解。同時在「琢磨」孩子的過程中，也能關照孩子的「本來」。

　　從初生到二十歲這一成長階段的關注與指南，在國內的出版品中仍屬少見。除了謝謝三民書局劉振強董事長及編輯同仁的智慧與愛心外，更盼你從這些「珍本」中，細體孩子追趕跑跳碰的童年，以及狂狷青少年的生理與心理上的種種變化與特徵。

愛孩子是要學習的，讓我們從認識孩子的發展與需要著手，然後真正的「因材施教」，使每個孩子健健康康、快快樂樂的成長與學習。

盧美貴

於臺北市立師範學院

民國85年8月1日

診所簡介

泰佛斯多診所 (The Tavistock Clinic)，1920
年成立於倫敦，以因應生活遭遇到第一次世界大
戰破壞之人們的需要。今天，儘管人與時代都已
改變了，但診所仍致力於瞭解人們的需要。除了
協助成年人和青少年之外，目前泰佛斯多診所還
擁有一個大的部門服務兒童和家庭。該部門對各
年齡層的孩子有廣泛的經驗，也幫助那些對養育
孩子這件挑戰性工作感到挫折的父母。他們堅決
表示成人要盡早介入孩子在其成長過程中所可能

出現的不可避免的問題；並且堅信如果能防患於未然，父母是幫助孩子解決這些問題的最佳人選。

　　因此，診所的專業人員很樂意提供這一套描述孩子成長過程的叢書，幫助父母們認識孩子成長過程中的煩惱，並提供建議以幫助父母思考其子女的成長。

著者

　　艾爾絲・奧斯朋 (Elsie Osborne)是泰佛斯多
診所裡兒童與家庭部門的資深心理教師，她負責
臨床和學校方面的工作，及培訓等幾方面的發展。
她擔任此部門的主席已經好幾年，也參加許多全
國性的活動。她出版的書包括：《家庭與學校》
(*The Family and the School*) （與艾蜜莉亞・多琳
(Emilia Dowling)合著)、《教與學的情感經驗》(*The
Emotional Experience of Learning and Teaching*)
（與艾斯卡・威頓伯(Isca Wittenberg) 及吉安
娜・亨利(Gianna Henry)合著）。

目錄

盧序 —— 愛他・請認識他

前言 ⋯⋯⋯⋯⋯⋯⋯⋯⋯⋯⋯⋯⋯⋯⋯13

第一章　能幹的七歲 ⋯⋯⋯⋯⋯⋯⋯⋯17

　　　　逐漸獨立／瞭解自己和他人／語言的重要性／

　　　　區分「真實的世界」／社交技能／一帆風順？

第二章　在家的七歲 ⋯⋯⋯⋯⋯⋯⋯⋯⋯37

　　　　家庭關係／與父母相處／兄弟姐妹／祖父母／

　　　　離婚與再婚家庭／獨立與節制／零用錢

第三章　在校的七歲 ⋯⋯⋯⋯⋯⋯⋯⋯⋯73

師生關係／安頓意謂著什麼？／學習與課程／

什麼是正常的？／學習閱讀的問題／與同學之

間的關係／不願上學

第四章　遊戲與想像力 ……………………105

單獨玩耍／與別人一起玩耍／想像力

第五章　對父母的一些看法 ……………………119

自己的生活／調整與危機／家庭歷史／七歲的

成年人生活觀

參考資料 ……………………………………131

協詢機構 ……………………………………133

前言

　　當你七歲時可能就被發現擁有精熟能力。這

些成就自出生時已被注意到的，如：語言能力；自

我控制能力，包括肌肉的發育以及對感情和行為的控制；增進廣泛交遊的社會技能；以及對周遭世界日趨瞭解。即使這些成就全靠父母的幫助，它們仍然是非凡的。

進入學校，即開始正規的學習、交友、處理許多自己的事情，如用餐、洗臉、穿衣、以及日常生活中其他方面的事，七歲孩子似乎更趨獨立。

本書將盡力與你分享這些成功的喜悅，同時也幫助你更進一步地瞭解這個年齡的學童所面臨的任務和可能產生的緊張及煩惱。

關於上學，有兩方面特別重要。首先是家庭與學校之間關係的性質。家庭依然是一個重要的停泊港，七歲孩子可以從這個安全的基地出發去探索世界。如果家長與老師之間的關係很和諧，對雙方都有利，但是，就像書中一直談到，問題的

焦點在於孩子本身，他們將設法在他們生活中最
重要的兩個地方——家庭和學校——找出平衡
點。

　　另一個重要的方面是孩子越來越明顯的差異
傾向以及不斷滋長的對比傾向，尤其體現在學業
上，當然包括閱讀和寫作技巧。事實上，閱讀能
力非常重要，因此，我們必須特別加以重視。

　　我們亦期望孩子能更順利地與人交往，因此，
比較結交朋友和是否受人歡迎也如前述地被重
視。

　　這些對比傾向來自於一個什麼是正常的觀
念，每個孩子都被以此衡量。然而，對於什麼是
普通的和什麼是理想的偏見，只有在孩子之間的
個別差異日漸拉大的時候才會產生。成就差距的
可能性，以及不斷介紹給孩子新的樂趣，都意謂

著七、八歲孩子的發展不可能相同。無論如何，正如為人父母所知，孩子在人格和個性上是獨特的，即使在同一家庭裡，這種對比也會愈趨顯著。

因此，在討論七歲孩子發展的普遍範圍時，我們仍應記住，所有孩子都是不同的，不僅體現在他們的智能、興趣和社交技能上，而且也體現在他們的情緒生活和處理問題的能力上。

這套叢書的目的在於加深你對自己孩子的瞭解，我們希望，透過觀察七歲孩子在家和學校的表現，在玩耍和工作上的表現，以及觀察他們理解周遭世界的發展來達成。

第一章

能幹的七歲

逐漸獨立

蘿拉(Laura)想獨自上學。她的媽媽意識到從去年開始，她就已經變成一個很敏感的女孩。她仍然認為蘿拉太小，不能獨自去上學。雖然她信任蘿拉，但還是認為會有蘿拉察覺不到的危險。

這些是七歲這一年所產生的典型問題。每位父母考慮孩子的情況和當地環境後，會得到自己的答案。學校就在附近嗎？需要穿越大馬路嗎？有沒有偏僻的小路？有沒有大哥哥、大姐姐結伴同行？

父母仍然是作重要決定的人，但諸如此類的問題產生，證明了七歲孩子在邁向獨立的過程中，問題何

其多。因此，許多父母最關心的是：在鼓勵孩子獨立的同時，如何在給予足夠的關懷和監督之下取得平衡點。

　　這些開始變得能幹的學童所依據的發展和成就有哪些？當然有身高和體力的增加，還包括越來越多對手的運用和對身體的基本控制，還有許多其他的體格發展。然而，當我們在描述一個敏感孩子時，心裡所想的是有關於前七年中孩子在理解和意識上的巨大區別。

　　這一章主要涉及的內容便是成長中的心理，及其在情感和社會面的應用。瞭解這些將幫助父母對於以上所提的問題作出一些重要的決定。

瞭解自己和他人

說蘿拉是「敏感的」，從心理成長來說，只是簡短的概括。在過去的一年中，蘿拉已經愈來愈清楚地意識到，自己是個別而獨立的一個人。

這種重大成就的本質是什麼？整個童年時期，蘿拉對她自己和心理活動有著強烈的好奇心。她非常明白自己的經歷，瞭解她在這些經歷中產生的情感，使她在對現實的理解上更為自信。

除了這種自知之明以外，蘿拉還有一套自我評價的標準，為她帶來自信心。這種自我評價乃因她童年時代在父母的鼓勵和支持下，能有機會獲取對事物一

探究竟的經驗而不斷進步。

這種正向的理念，也助她對別人更瞭解。瞭解別人有獨立的思想、希望、感情和意願，在孩子的思想上是一個非常特殊而重要的發展。這一點在七歲左右似乎變得相當穩定。

無論在家或是在學校，孩子瞭解別人需要的這種能力被視為理所當然。成年人或許並不擔心是什麼原因使它成為可能。無論如何，這種巨大的發展並非一蹴可幾。

蘿拉無法立刻理解為什麼她的父母在她獨自上學的問題上持不同的意見。她與媽媽爭論別的小孩都可以自己上學；她又認識路；其他小孩會認為她還是個嬰兒等等。面對這些辯解，她媽媽還想說服她：「不行，你不能獨自上學，因為是我說的。」

如果父母被一個愛爭論的七歲孩子所激怒，這很

容易使人產生同情。但是我們應該記住，學會據理力

爭，相對於早期的發脾氣或者固執己見，其實是一大

進步。

最後，蘿拉的媽媽同意帶她到了一個安全的地方

後，讓她獨自去學校。

當然，蘿拉的爭論顯示了她不斷滋長的獨立意識

以及對獨立的嚮往，也表明了她正在體驗的一些新壓

力。很明顯，這些壓力多半來自於學校的要求，也有

來自於家庭。除此之外，許多問題皆來自於她從竟日相處的同學和朋友中來評量自己。

在上學的問題上，她媽媽採取了一個折衷的辦法，既表示她願意認可蘿拉的獨立要求，也需要保持她的安全感。

語言的重要性

這一章所談到的許多發展都與增進語言的運用同步進行，以至於我們必須特別加以重視。許多七歲孩子已經掌握了數千個字彙。當然，他們只會使用聽過或常讀到的字，但是，他們並不只是透過模仿而運用；孩子如何學會運用語言及創造自己的句子，仍然是一個爭論的話題，然而，影響卻是很大的。一個嶄新的

學習世界已經開啟了。

湯姆(Tom)兩年前開始上學的時候，已經能夠自行處理許多事情，也能使用很多的字彙。現在，和大多數七歲的孩子一樣，他對於字彙的瞭解日益增加。發現新字是一種快樂。有一天他在家第一次聽到 "competent" 這個字，就用自己獨特的發音反覆唸著 "combitent"。

湯姆最瞭解的字彙依然是那些能夠描述、想像的，或者與其經驗相關的詞。叫他正確地切開食物時，他完全能理解 "cut" 這個字的意思；但是，當他聽到父母談到他們認識的一個人，"poor Harry, everybody cut him dead."（這裡指絕交）而哈利仍然活著時，他感到十分不解。

湯姆慢慢地開始理解比喻和抽象的觀念。他知道他非常熟悉的貓、狗、兔都是動物，即使在圖畫書上或在電視上從沒見過，但他知道還有很多很多其他的

動物。

　　蘇地(Sooty)是湯姆家的貓，也是湯姆每天生活很
重要的一部分。區分出貓和其他不是貓的動物一樣，也
是動物，並非靠直接經驗，而是運用思考學會的。

　　也許比較現在的湯姆和四歲時的湯姆，可以瞭解
他的進展。那時候，把幾套印有動物和水果的卡片混
在一起，讓湯姆試著加以分類；他雖然知道所有卡片
的名字，但卻無法分類。他爸爸盡力讓湯姆解釋他分

類的方法，但湯姆卻說不出個所以然來。

現在，他可以毫不費力地做同樣的分類工作，也能對他所做的一切提出很好的理由來解釋。

他大多數的朋友也擅長於做這種事情，儘管他們可能有不同的方法，有時候，他們的想法甚至會出乎我們的意料。例如，一個男孩把所有的水果和動物分成兩堆，然後解釋他之所以把動物放到一塊兒，是因為牠們都是相互追逐的，如貓追老鼠。任何解釋都是推理的結果，大人也才能夠理解。

湯姆還懂得許多關於時間的知識。他能告訴你他去海濱渡假，並期盼著星期四的游泳課。但是當別人告訴他只有五分鐘的時間收東西時，他對時間的概念似乎就不怎麼精確了。

湯姆善於適時地用拖延策略，但是，估計時間的長短比知道有昨天、今天和明天這種時間的存在要難

得多。我們不是經常因為感到無聊、憂慮，或忙於某事而低估或高估所花費的時間嗎？湯姆的媽媽自然學會用一些她的策略，比如說：「等我數到十，我希望你已經開始收拾東西了。」

這些發展得依靠孩子正確表達字彙意思的知識。如果沒有那些字彙，就無法交換思想或加以解釋。

許多書中都談及語言方面巨大而又引人注目的發展。我們稍後會再提到它，但是，目前讓我們接著看七歲孩子在其他方面卓越的能力。

區分「真實的世界」

蘿拉和湯姆對世界都有了更深的瞭解，他們知道什麼是真的、什麼是假的。蘿拉四歲時曾說櫻桃梗從

她的鼻子裡跳到了地板上；現在每當提及此事，她便說真是太傻了。

　　她不再接受所有的東西都是有生命的說法。大人可能會談論：天氣好像存心破壞我們計劃的活動，或是談到月亮也會微笑。但是，這通常是出於幽默感，或者是作為一種詩意的表達。正是由於這種趣味感，湯姆和蘿拉也開始接觸虛構的世界。

　　他們這個年齡比較不容易被偽裝所欺騙，他們可

能仍然喜歡聖誕老公公，但更可能是因為他們選擇加入虛構的行列當中。

當然，對孩子來說，相信牙齒仙女會把硬幣放在你枕頭下以代替落牙，是非常有利的。

他們像大部分的七歲小孩，喜歡動物故事。但是，現在他們不再像過去那樣把動物當成人。他們可能還喜歡那些動物會講話、有感情的故事，但他們知道這些是假的。有時候，利用動物可以視為創造更易管理的世界的方法。一些最受歡迎的兒童書籍，尤其是所謂的經典之作，如《愛麗斯夢遊仙境》(Alice in Wonderland)、《黑美人》(Black Beauty)、《蛤蟆傳奇》(The Wind in the Willows)、《吉卜齡》(The Just So)等許許多多的書都運用了這種動物擬人化的趣味性。

看七歲孩子玩遊戲的時候，你能發現他們別出心裁的偽裝能力。這個年齡的遊戲也涉及到以更成熟的

方式來與他人達成協議。

社交技能

在社會關係上，湯姆和蘿拉培養了什麼能力？七

歲時，他們更加瞭解自己和別人的思想和感情，在「真

實的世界」較有安全感。因此，他們比較懂得要輪流

和耐心地等待別人的注意。

在教室裡，老師更習慣於把孩子們看成一個群體。當然，孩子的交際能力是不同的，他們大部分仍然喜歡能擁有自己的時間。這裡描述的社會觀是另一回事，事實上，一般的七歲孩子不會被很大的集體活動所吸引，這種活動，在未來一兩年才會變得比較重要。

我們已經形成的社會理解力是一種更進一步的能力，能使我們顧慮到別人，知道集體有集體的規則，並遵守相關的合理紀律。

在遊戲和其他方面去創造和探索新事物的過程中，能在無拘無束而自然表現的行為中，獲得很大的樂趣。那種自發性是童年的一大快樂，但同時也要讓它有可以發揮的空間。

社會理解力並不排除同學之間或兄弟姐妹之間的競爭，這是常見現象。事實上，爭吵似乎是成長

過程中的正常行為。一位名叫 G. K. 徹斯特頓(G. K. Chesterton) 的作家曾說過，人們爭吵是因為他們仍未學會辯論。那麼，蘿拉和湯姆已經能提出理由支持自己的觀點，我們已經舉過蘿拉的例子。現在，他們不斷地從爭吵發展為辯論，這一點，連許多成年人也未能做到！

如果說競爭是明顯的，那麼合作同樣是明顯的。當老師分配蘿拉和湯姆這一小組做一張海報，他們首先進行分工，然後，我們發現他們常互相提供幫助和建議。例如：把部分的畫擺在什麼地方，如何拼字等等。

友誼有時會產生變化，集體間的成員關係也容易產生變化。上文已談到，我們常把孩子做比較，比較他們做的事以及他們父母允許的事。

這裡又將出現一個難題，什麼是標準和期望值？

什麼是普遍的或正常的？我們將在學校這一章討論這個問題。

一帆風順？

如果說注重七歲孩子的成就表示至少能克服在當時成長中的問題，那麼，每一位父母都會馬上提出反對。七歲似乎是一個從嬰孩變成學童的標誌，而問題也到了一個轉變的階段。

父母可能會覺得許多新的成就好壞參半。七歲孩子要求更獨立是令人憂慮的，因為他們越來越精通辯論，查問理由，不斷地找出大量的經驗來作比較。

孩子自己也發現大人對他們有新的要求，不再那麼的寬容個人特有的喜好，而且要求他們更守規矩。在

這種情況下，孩子不太能保有他們的自尊，特別是和其他的孩子相較而有不同的時候。

在過於受肯定的新技巧，和因未符合期望的表現而不受肯定之間，信心可能因此而動搖。這是一個孩子能夠自我批評且對別人的評價非常敏感的時期，這種發展應用在日常生活中是有利有弊的。

我們必須知道，七歲孩子日益增加對別人的理解，正開始瞭解給與取的關係。他們知道別人和自己一樣也有感情，但是他們還不能像成年人那樣設身處地地為他人著想。

這種理解力不同於已經養成的固定習慣，提醒「要聽話」和提醒「把腳擦乾淨」同樣很有必要。

這些問題在家和在校是不同的，而且，因為這兩個世界變得越來越獨立，我們有必要找出處理兩者之間關係的方法。有時候，雙方爭吵時，孩子可能處在

矛盾的尷尬境界裡。即使在家庭和學校的關係最順暢的時候，七歲孩子也必須當中間人，把一套規則和習慣換成另一套。

湯姆在學校摔了一跤，傷了膝蓋，老師說他表現得很勇敢。一直等到他安全到家，媽媽取下繃帶察看時他才掉下眼淚。蘿拉因為她的鉛筆被另外一個女孩折斷而大為生氣，一直到她向媽媽大叫著要馬上得到鉛筆時才算表達了她真正的感覺。家是一個無拘無束

的安全地方，什麼都能得到原諒。壞習慣通常會在我們最親密、最愛的人面前顯露出來，這一點，七歲孩子與我們沒什麼不同。

第二章

在家的七歲

家庭關係

　　凱斯(Keith)和羅賓(Robin)是一對兄弟。凱斯九歲

半，羅賓剛好七歲。凱斯相當文靜，容易煩惱。比如，

他擔心有沒有合適的鞋子去運動，他為假期計劃而憂

慮，想預先知道結果是什麼；而羅賓則很活潑，愛冒險，他有時候講話講得太急而講不清楚，他最主要的煩惱是什麼時候可以出去玩。

一個星期六的下午，爸爸帶著兄弟倆騎腳踏車到公園去。別的大哥哥只用後輪騎，羅賓儘量騎的跟他們一樣快；突然之間，他也想學他們用後輪騎車，但他卻摔下來，撞到了頭。

爸爸用車把兄弟倆直接送回家。最焦急的還是凱斯，他臉色蒼白，向媽媽解釋發生的事情以及羅賓如何愛出風頭。等媽媽知道羅賓的傷勢不重後，安慰了他，並問他做了什麼，和為什麼要那麼做。羅賓解釋說他看見其他男孩子那麼做，他也想試試，因為「看起來很好玩。」說到這個，他馬上又想再去騎腳踏車。

他們的父母感到困惑，為什麼兩個兒子的性格會正好相反。像許多父母一樣，他們想讓兄弟倆能各展

所長，但是，他們對兩個孩子又有不同的憂慮。

　　媽媽說在許多方面，羅賓對凱斯是有幫助的。他能受到羅賓的鼓勵，甚至煽動，而變得更大膽。另一方面，當羅賓想做一件事，而凱斯認為很愚蠢的時候，凱斯總會責備羅賓。

　　然而，凱斯並不一直是個文靜、靦腆、順從的男孩。他也有固執和顯得不自在的時候，這大都是因為他希望任何事情井井有條。在他七歲的生日晚會上，當遊戲沒有按照他的規則來進行時，他顯得非常難過。他媽媽發現自從他上學以後，不善於和一大群小孩相處。她還發現，為他舉行的晚會必須安排好清清楚楚的活動。

　　羅賓當然需要人監督，有時候必須受到約束。他大膽的行為經常令人煩惱，但他媽媽卻非常喜歡他這種愛冒險的精神，也沒想過要抑制它。她希望從腳踏

車上摔下來這件事能給他一點教訓。但是，這種挫折似乎並沒有對羅賓造成什麼改變。

幸好像羅賓這種愛冒險的男孩到了七歲時，已經明智地知道他們能走多遠，並盡力保證自己安全。出人意料地，他們能接受父母為他們所設立那條牢固而又明顯的界限。

在語言的使用和理解上的一大進步也給父母帶來了好處。要求可以被證實是合理的，錯誤的結果可以用言語來表達。對於羅賓，他媽媽採取了比對凱斯更富戲劇性的方式，目的是為了強化她的制度。

爸爸可能對羅賓不大能容忍，因為他自己是個喜歡清靜、愛思考的人。他和大兒子相處得很好，當凱斯有困難時，他也能和他溝通。

兩個男孩都會對母親表現出愛和溫情。凱斯七歲的時候常坐在媽媽身邊，說她長得漂亮。現在，羅賓

也是這個年齡，他放學回家總是熱情地擁抱媽媽。羅賓這種堅強而又可愛的性格使他更受媽媽疼愛。

同一個家庭裡的行為如此不同，那麼家庭與家庭之間的變化該有多大呢？什麼樣的歸納通則會適用於每一個人呢？也許沒有吧。

與父母相處

處於這個年齡，家庭關係仍有著相同的特點。例如，儘管孩子直接要求父母加入他們的活動的程度不同，但是，到了七歲，他們有一種明顯的傾向，就是要與其他孩子玩，而不要父母加入了。

湯姆四歲時總是要叫媽媽陪他一起玩，喜歡她參加他想像出來的遊戲。回憶過去，她總是得當一名可

憐的歹徒，被警察英雄 —— 湯姆抓住。但是現在，只有在周圍沒有朋友時，湯姆才偶爾和她玩卡片遊戲。

　　這是父母與孩子的關係中有較大變化的部分。同時，男孩和女孩有更明顯的區別。蘿拉的媽媽喜歡和女兒之間有一種夥伴關係。她們一起上街購物，一起閒聊，使蘿拉覺得她已經長大了。

　　我們已經知道，凱斯和羅賓的爸爸親自帶他們去郊遊，尤其喜歡固定去當地的游泳池，能看到兒子倆因他的關懷而得到的歡愉。

看著孩子成長的快樂也增加了父母對孩子個體的尊重。凱斯和羅賓在成長的過程中有了適當的經驗，父母能傾聽他們的意見，一有可能便給他們選擇的機會。允許給予他們完全屬於自己的空間，來保存自己的東西，既然那種嬰孩時期的依賴性格已經消失，那麼，這些經驗在提供父母與孩子之間良好關係的基礎方面，是非常重要的。

在凱斯和羅賓的家庭中，父母能夠互補是一個有利的因素；一個能輕鬆應付凱斯，另一個應付羅賓。父母之間互補在其他方面來說也是會有幫助的。

如果一個家庭裡父母經常發生爭吵，孩子們想要快樂地成長是很難的。父母之間存在著持續而未說出的敵意，或是一方統治另一方的關係，都是不好的。孩子們很可能帶著厭惡、輕蔑、和憤怒的情緒，公開或秘密地支持一方，這種感情會很強烈而持久。

　　如果父母對他們的問題意見不一致，孩子們就會利用這點不聽父母管教。因此，父母總會盡最大的努力以達成一致的意見，尤其是在紀律方面的互相支持。但是，即使父母承認他們必然有意見不同的時候，只要他們還是能繼續相互尊重，孩子們就不會覺得太痛苦，而且會覺得這是一個可以仿效的好榜樣，又可以從這個不太專制的權威思想裡獲益。

　　七歲孩子總向父母問各式各樣的問題。早先問嬰兒的事情，他們怎麼生出來的，他們來自於哪裡。這個時候男女差別不大，且他們總能得到很好的回答。這並不是說他們不再對這方面的事感興趣，而是直到青春期才又再次發生興趣。

　　七歲孩子對成年人的世界，實際上的觀察力比看起來還要敏銳，但他們還有不明白的地方要學習和發問。性別不同是男孩和女孩對自身概略的概念之一，對

這方面的興趣是很自然而且會持續不斷。

這裡也描繪了另一幅更和諧的景象。父母仍然是孩子強烈情感的主要對象。這個年齡在機智，意識到別人的存在，以及對感情的控制等方面的增強，在公共場合比私底下更明顯。總體來說，大多數父母喜歡這樣。

當然，沒有一種家庭能保證幸福。同樣幸福的家庭會有不同的氣氛，這取決於許多事情。有些與物質方面有關：家境有多富裕，房子有多大，有多少私人空間，是否有花園等等。有些則與家庭結構有關：有幾個孩子，父母是否都有工作，拜訪者是什麼人。

主觀偏愛也會影響家庭習慣和習俗。有些是高度統一而嚴謹的，有些則是輕鬆隨意的。有些著重於個人責任，有些則強烈需要家庭統一行動。談到紀律，從很嚴格到很縱容，就有很大的範圍。

　　以萊斯里(Leslie)為例，他很少受到限制。他生活在一個藝術之家，無拘無束，孩子們都倍受愛護。但是，他一方面開始做惡夢，夢見自己處在一個無計可施的可怕境地；另一方面，他在學校裡仍然富有創造性，與別人相處融洽。他講的兩個故事所描述的一些景象能說明他的困境。

　　在第一個故事中，他講了一些小雞如何組織自己的野餐，何時自己完成決定去哪裡尋找更多的食物。當母雞來叫牠們回家的時候，牠們收拾好，並把所有東西都帶回去。

　　這個故事似乎很能說明萊斯里在媽媽的安全保護下有多麼自立，但第二個故事則說明在這種現象背後，他仍感到害怕，需要媽媽隨時幫助他。

　　第二個故事講的是一隻小兔子，有一天晚上問兔媽媽牠是否能上床睡覺，兔媽媽說：「當然可以，你沒

必要問我。」但是，當小兔子躺在床上，牠大叫起來：
「我看到鬼，我好害怕！」於是，牠媽媽進來打開了燈，
牠看見原來是一張椅子，上面蓋了一塊白布，這才睡
了。

　　萊斯里的獨立性還不是很確定，他似乎還會擔心
留給他自己做的決定是否太多了。在故事中，兔媽媽
幫助了受驚嚇的小兔子，而在萊斯里充滿愛意的家庭
裡，前景也是樂觀的。

　　父母與孩子之間關係的焦點現在到了孩子的課業
上。父母會發現子女明顯地把他們和老師作了比較，便
發現自己缺乏知識、威信和判斷力。這種對老師的強
烈依附反映了她（或他）接替了當父母的責任。十分
確定的是，如果蘿拉和湯姆愈喜歡他們的老師，他們
愈能從老師那裡成功地學習知識。

　　然而，不管老師多麼友好，多麼討人喜歡，她或

他只是形式上的一個角色，終究不同於孩子與家裡爸爸媽媽之間的關係。老師從事這樣的職業，不是因為他們有一種想代替父母的慾望。許多老師本身就是父母，能清楚地意識到在家裡和在學校裡是兩個完全不同的角色。

孩子們想在家庭之外尋求與可信賴的成年人建立一種新的、強烈的、比較不感情用事的關係，這種關係使孩子可能用不同方式去解決他們的緊張和衝突。

也許父母與老師之間這種自然的競爭會變得較溫和，因為他們都知道孩子是他們最關心的問題，於是，他們的競爭就在於誰能更成功地幫助孩子成長，誰能得到最積極的回應。近幾年，許多關於改善家庭和學校之間關係的建議被提了出來，讓父母有更多的發言權和選擇機會。但是，我們真正關心的問題是孩子自己對兩者間的關係有什麼樣的感受。

毫無疑問，如果父母和老師能夠互相尊重，讓孩子自由地學習，探索，以及嘗試新的技能和思想，孩子會覺得更加心情舒暢。

兄弟姐妹

七歲孩子可能不會叫父母加入他們的遊戲，也許

他們以前會；但如果有兄弟姐妹，一定會經常叫他們一塊兒玩，至少在周圍沒有其他朋友在的時候。如果在大多數家庭裡這是理所當然的話，那麼他們互相之間偶爾發生爭吵也是理所當然的。

我們已經說過，爭吵是成長的一部分。要學會維護自己，為自己辯解，去駕馭因比賽、競爭和失敗而產生的沮喪，不是很容易的事。父母經常樂於做旁觀者，因為他們掌握著一個原則：孩子總是要爭吵的。只有當爭吵發展成為粗暴的打架時，他們才會加以干涉，而且必須保護較小的孩子。

競爭也許來自於羨慕與嫉妒交錯的感情中，它可能是成功的動力，也可能引起爭吵。兄弟姐妹之間的爭吵尤其特別，因為他們的感情很強烈，再加上年齡差異的複雜性，因此爭吵也許會持續好幾年。

蘇(Sue)帶著絕望的音調說：「但是，媽媽，我想

我永遠趕不上了。」她指的是比她大三歲的哥哥。對於總想要與哥哥競爭的蘇來說，學校為她提供了在同齡中考驗自己的機會。

安(Ann)是家裡年紀最小的，有三個十幾歲的哥哥姐姐。對她來說，在學校裡覺得更有壓力。她已經習慣於被家裡人當寵兒，現在，她在學校正學習調整自己去適應社會對於她這個年齡層的各種要求。對她來說，回到家裡充當年紀小的角色可以鬆一口氣。

成為幾乎都是同齡小孩組成的班級一員，是學校所提供最普遍，最重要的經驗；但是與較年幼的或者較年長的孩子編在同一班級也是有益的經驗，這對確認自己的身分起著很大的作用。在家裡，有兄弟姐妹，有來訪的朋友，還有鄰居的孩子，尤應如此。

七歲孩子在家裡幫忙照顧家中五歲以下的小孩對兩個孩子來說都是有益的經驗。三、四歲的小孩可以

從與哥哥姐姐一起玩的過程中得到學習機會，而哥哥姐姐又可以有當小大人的快樂，並增強了自信心。那就是說，只要責任不太重，或者不要持續太久就行了！

當新生兒即將出世的時候，七歲孩子與家裡人一樣充滿希望，期待著小生命的到來。妒忌新生兒並不是一個嚴重的問題，反而有可能為七歲孩子帶來好處，當然也有例外的情形。

鮑比(Bobby)在學校裡很引人注目，常抱怨因為其他孩子的干擾，使他不能好好用功。他和父母及另外兩個兄弟姐妹一起住在一間小公寓裡。當一個小生命快出世的時候，他媽媽忙壞了，總想把擁擠的家整理得清爽乾淨；同時，又希望能有一個新的家。媽媽既希望鮑比 —— 家中的老大 —— 能懂事點幫她的忙，另一方面卻又把他當作小孩而不給予真正的信任。在與朋友們談天時，媽媽才有機會在事情還沒有發展到不

可收拾前瞭解實際的情況。

在學校裡,朋友多半都是同學或其他同齡的小孩;如果你的孩子擁有更加獨立自主的行動和選擇能力,這種情況會更為明顯。但是,對大多數孩子來說,兄弟姐妹仍然是很重要的;他們相互支持,又以特殊的方式保持自我。

同甘共苦以及那些共同經歷過的強烈感情經常能在兄弟姐妹之間產生一份溫暖和聯繫,即使童年過去了,這種情感仍會持續下去。

祖父母

我們應該考慮到祖父母對孩子發展所作的特殊貢獻,他們給家庭的實際幫助是很明顯的,他們可以在

緊要關頭代替父母，當保姆或者提供附近第二個家。

即使他們住得很遠，不大可能代父母照顧小孩，他們對於孫子來說，仍然是非常重要的人。到了假日，他們還可能提供了孩子與父母分開生活的第一去處。對於一個來自於大家庭的小女孩來說，偶爾和祖父母一起住的經驗是一份寶貴的記憶。

此外，他們還為孫子帶來特別珍貴的經驗，使他們在往後的生活中還能深深懷念的一種慈祥的權威。這

不一定是因為孩子更受祖父母的溺愛，儘管在某種程度上來說也許是的；通常他們有相當明確的規則。爺爺奶奶既慈祥又嚴厲，而爸爸媽媽在相同的情形下往往表現為又是爭吵又是哄騙。

祖父母與孫子雙方對彼此間重要關係的延續性感到放心和滿足，它不僅僅發生在現在，而且也結合了過去。這種歷史感無法說得很明確，但確實存在著。

祖父母堅信他們帶孫子比帶自己的孩子能管得更好。蘿拉的祖母說她簡直想不到當祖母會如此快樂。這對許多當祖父的人來說也是一樣。比起以往和自己的兒女相處，他們有更多的機會和孩子的孩子在一塊兒。

離婚與再婚家庭

這套書的前面幾冊都提過離婚對孩子的影響，父母的離異對一個七歲孩子來說是一件極其困擾的事。在某種意義上來說，因為孩子有更好的語言能力，儘管父母實際上可能還找不出合適的話來解釋，孩子卻能輕易地解釋發生了什麼事。

解釋他們離婚的原因也許含糊不清，孩子需要的是盡可能直接地說明這意謂著什麼變化以及父母雙方保證繼續愛他。

七歲孩子比年紀更小的孩子更能理解安排父母來探望他這件事。如果父母不能遵守，小孩會記住的。要

瞭解你的七歲孩子，就應記住對於這個年齡的孩子來說，要處理複雜的感情是多麼的困難，尤其是矛盾的情感。想想看，當你對某人生氣的時候還想到愛他是多麼難做到。因此，我們應保護七歲孩子免受周圍痛苦情感的傷害。

以雪倫(Sharon)為例，她想保護自己，故意不去知道正在發生的事，她把自己封閉起來，顯然不想看到或聽到父母的爭吵，而且對任何人否認媽媽和爸爸分居。這個影響對她的學習能力是很具破壞力的。雪倫不僅煩惱不能正常上學，而且好像發現任何事情已變得相當危險。儘管她已經能讀一些書，但她現在卻不願去讀了。

直到她的將來安排得清楚而確切時，雪倫才能重新生活，慢慢地，在富有同情心的老師幫助之下，她又重新開始學習了。

如果離婚早的話，在孩子七歲時可能會有一個新的家庭。他會有繼父或繼母，如果雙方都找到了新伴侶，他就同時會有繼父和繼母，還可能有無血緣關係的兄弟姐妹。對兩個家庭的孩子來說，有助於協調雙方關係的可能是日後小生命的誕生。

如果這樣聽起來複雜難懂，那麼讓我們想像一下七歲孩子的問題。在兩代人之間的理解和知識方面，我們會發現一些令人吃驚的問題。七歲孩子對近親之外的關係，指的是父母，兄弟姐妹之外的關係，仍舊感到相當地模糊。

七歲的蘿拉能力很強，清楚地知道外婆就住在附近；蘿拉經常獨自和外婆待上一天，尤其是假日。她知道外婆是媽媽的媽媽。蘿拉還有個最喜歡的阿姨——珍妮(Jane)，她是她媽媽的妹妹，但是問她：「誰是珍妮阿姨的媽媽？」她完全回答不出這個問題。

要弄清楚再婚家庭的關係是很難的。孩子們需要幫助來弄清這個問題，因為光是聽到人們說：「現在你有新家了」的時候，就可能感到困惑。家庭這個穩定和安全的主要來源，起了如此大的變化，這至少是令人不安的。

當然，對於大人來說，這也是一個困難的時期，但是，暫時以小孩的眼光去看事情，也是值得努力的。如果孩子能接受並且按照新的安排去生活，那麼這對

於新父母來說，生活也會輕鬆得多。

以安琪拉(Angela)為例，她的老師無意中發現了她為新繼父而苦惱的原因是她認為她不能同時愛兩個爸爸。老師把此事告訴了安琪拉的媽媽。再三向安琪拉保證她可以繼續愛她原來的爸爸，也提醒她爸爸仍然愛她，安琪拉才感到好過些，在學校裡的學習情況也更好。這是安琪拉的老師擔心的第一個問題。

不過，這並沒有解決安琪拉的所有問題。她就像其他孩子一樣，希望她原來的爸爸媽媽能夠復合。她沒有徹底放棄這希望，但因為她的繼父努力地與她相處，雖然她僅能偶爾去探望親生父親，她也心滿意足了。

不僅僅是孩子希望重建失去的理想，父母也會夢想有一個完美的新家庭，希望孩子接受新爸爸或新媽媽，讓新爸媽參與他們的活動，照顧他們的生活。在

建立新家庭時，總有不可避免的問題，如果不能意識到這些問題，這些變化給孩子帶來的影響將難以預料，那麼，他們很難實際地安排新生活。

不是所有的孩子都能像安琪拉那麼幸運，大人一發現她困惑的時候就能理解。他們允許她選擇姓氏，而她比較喜歡保留她親生父親的姓。她住在新家，但照樣去原來的學校上學。這些變化雖然相當的大，但也都能處理。

這使人想起了孩子要面對的幾個問題。七歲的麥可(Michael)和他五歲的妹妹莫琳(Maureen)住進了繼父的家。他媽媽離婚兩年了，找了一份兼職的工作，麥可則成了媽媽的好幫手。

這個新家還有繼父的兒子——十歲的安德魯(Andrew)。安德魯的媽媽四年前死於車禍，父子倆都為此而傷心萬分。現在，爸爸希望有了新妻子，他們

能重新拾回快樂。他對安德魯說他如何愛這個新媽媽，希望安德魯也能愛她。

　　但是，家裡卻經常發生爭吵，到最後婚姻有毀掉的危險。他們為了這個家不得不尋求幫助。這些顯露出來的情感包含著很強烈的憤怒。麥可因家中老大的位置已經被安德魯取代，所以非常厭惡安德魯。安德魯提醒他還小，把他當作入侵者對待。安德魯討厭和麥可共住一個房間，還很不友善地把麥可的媽媽和自己的媽媽相比；他還覺得其琳被父親寵壞了。另外，其琳也不願意和安德魯共同擁有媽媽，這份心情因她不得不從她已待了兩年的育幼院轉出來而變得更加強烈。

　　當然，再婚家庭有著一般家庭相似的問題——因為家庭成員的個性不同，但每個人又確實都有其獨特的一面。

預先考慮可能會發生什麼變化,然後和孩子溝通,至少能更妥善地處理這些問題, 還能幫助你記住許多很小的變化, 都是潛在性大問題的原因。兩種生活型態必須相結合, 兩個家庭習慣必須相聯繫。

再婚家庭的增加使之成為重要的議題, 對此我們也正一步一步地瞭解。儘管我們知道在許多最受歡迎的童話故事中都有惡毒的繼母, 如《灰姑娘》(Cinderella)、《白雪公主》(Snow White)、《漢斯爾和格雷特爾》(Hansel and Giretel);但去責備童話故事給再婚家庭帶來的壞名聲是毫無意義的。這些故事儘管流傳了好幾個世紀, 但仍有很大的魅力。也許我們把這些故事看成普遍的需求 —— 在好與壞、英雄與壞人之間劃出明顯的界限, 因為人們一直處於這個困境中。如果這個惡毒的繼母成了一個集所有壞處於一身的人物, 那麼, 就能讓不在身旁的親生媽媽保持絕對完美

的形象。

我們已經說過，理解複雜的感情對七歲孩子來說是不容易的，但我們可以幫助他們認識到在真實的世界裡，沒有絕對的好人，也沒有絕對的壞人。童話故事還是有他們的作用──向孩子保證好人終究會贏。

獨立與節制

允許七歲孩子多少獨立空間，以及給他們施加多少控制，這是兩個同樣困難的問題。對此，本書已經發表了一些見解，例如，七歲孩子日益增強理解語言的能力意謂著他們更容易透過推理來接受規定；父母可以提出解釋，同時也可以發出命令，可以證明他們的要求是合理的，同時也可以期待某種程度的服從。這個年

齡的孩子更容易預料一個行動的結果，而父母可以警告他會有不良後果和預告好的結果來加強這種認知。

現在是開始實行更開明的規定的時候了；可惜的是，控制的壞習慣卻不容易打破。比如，山姆(Sam)挨打是習以為常的事，他忙碌的媽媽發現這幾年當她用耳光強化她的要求時往往能奏效。現在，山姆已經七歲，不挨耳光，他就不聽話。對他來說，等著挨打就如一個服從的信號。但是，山姆的媽媽自己也承認她打他並不是作為一種懲罰，而是在她沒有時間和心情不好的時候對付他最迅速的辦法。

習慣使用打的方法來得到服從也意謂著當山姆的表現確實很頑劣，惡意捉弄妹妹的時候，它已經失去鎮懾的威力了。

發展自我控制能力才有可能獨立。這不僅僅是允許你獨自做更多的事，獨立同樣意謂著對自己負責。實

際上，它反映在日常生活的許多事情上，如：出去喝茶的時候該怎麼做，怎麼回電話，乘公共汽車以及出去郊遊的時候該怎麼做。

　　七歲孩子仍然會害怕迷路，而事實上，相對於更小的孩子來說，他們迷路的可能性已小得多。部分原因是他們能更迅速地向前看，還有部分原因是他們更容易理解別人的行動以及明白規定和界限的必要性。儘管如此，如果他們真的迷路了，他們也能用常識來處

理這個情況；比如，去找有權威的成人來幫忙。

　　大多數父母訓練孩子學會應付穿越馬路和注意交通的危險。這些交通規則往往是相當明確的，除非他們能理解，並能服從，否則他們不可能在沒有熟悉的大人或者可靠的哥哥姐姐陪同下出去。

　　對於孩子單獨外出的另一項憂慮是當陌生人接近他們的時候，他們的表現是否明智。這種規則很難表達，因為它們需要更深的理解力。給他一個實際的警告，又不會使孩子害怕所有的陌生人是一件難做的事。我們必須有條理地制訂一些行為規則，又不要使孩子過於恐慌。

　　這些指示不像過馬路那種規定，可以迅速制訂出來。你該如何告訴孩子，搭陌生人的便車或接受陌生人的糖果的危險取決於你對自己孩子的看法？你是不是只重複這項規定「千萬不要跟陌生人談話」？或者你

要和他們討論說「不」的權力？還是要把他們弄得更恐慌？你怎能確定沒有把你自己的恐懼傳給他們？

　　放學後直接回家是正在實施中的最普遍、也最嚴格的行為規則。有多少母親在孩子晚歸的時候覺得潛在的恐懼逐漸加劇？我們曾經介紹過，如果孩子沒有預先告知父母就和朋友出去玩，或者走進當地的商店把時間消磨在連環漫畫中；有些父母在這種情況下，會給孩子最嚴厲的懲罰。大多的父母都能說出他們的孩子捏造了些什麼樣的藉口。

　　再過幾年，當你的孩子長大成人，這種問題會越來越明顯。應付這些事情最終的辦法還得取決於你對自己孩子的評價。這並沒有確定的、普遍的法則，但在這一年開始養成創造性的思想和行為的習慣是很有意義的。因此，在以後的歲月中對獨立的要求將會更強烈。

零用錢

獨立的另一方面是透過零用錢表現出來的。任何

有承擔能力的父母都有可能提供零用錢，通常拿零用

錢是一種權利，但也可能是應得的報酬，或者是因為

幫忙做有益的家事而給予的酬勞。

　大多數父母也渴望把它當作一個學習合理用錢的機會。凱斯和羅賓的媽媽自有一套辦法來鼓勵這種做法。她說她發現清倉拍賣是個好方法，讓她兩個興趣不同的孩子，愉快地花掉了好幾個周末的時間。

　她還覺得給他們五十辦士，讓他們按照喜歡的方式去花，不僅可以使他們忙得團團轉，而且還有其他的好處，協議是她絕不干涉他們的選擇。這意謂著雖然她有時很難管住自己的嘴巴，但她既不提出建議，也不加以批評。很快地，兩個男孩學會了控制他們的錢直到他們看準要買什麼東西為止。他們會與人討價還價，而且發現如果等到最後，東西會更便宜；然而他們也很難決定是否把所有的錢都花在一樣非常想要的東西上。

　其他父母也找到了獨特的方法，幫助他們的孩子

抑制最初的購買慾，因為他們往往會後悔，而且要求
得到更特殊的東西。把這份工作當作樂趣還需要父母
親的一些想像力；觀察她的孩子如何反應，給這位有
兩個孩子的母親帶來一種成就感和快樂。

第三章

在校的七歲

師生關係

　　對家庭和學校及家長和老師之間的競爭已經談了很多。對孩子來說，捲入了生活中最重要的兩個地方之間的戰場，是衝突和緊張的一個根源。但同時，父

母希望孩子與老師之間的關係良好穩定，他們發覺這對孩子在校的進步多麼重要；他們是對的。

為了能更加理解這種關係的本質，也許你有必要回憶你自己以前在校的時光。很可能在那些回憶當中，有一些最栩栩如生的記憶就是圍繞在老師身上的。你還記得那位使你感到安全，使整個班級忙碌而又能完全控制的老師嗎？你還記得那位因你做錯事而嘲諷你，把班級帶得井井有條卻沒人喜歡的老師嗎？或者你還記得學生都不聽其管束而使你沒學到什麼東西的那位老師，雖然感覺似乎很快樂，但當另一位老師接管，你反而覺得安心了？

儘管開始上學後，許多事情已發生變化，但大多有關的情感還是一樣。毫無疑問，許多孩子長大成人後會回顧過去，懷念老師，因為老師的認可影響了他們在校的生活和所喜歡的科目。

處於一個陌生的環境和一群陌生的同齡同伴當中，感到不安全，並因而感到迷惑時，去找一個能把事情處理好，為你提供一些可靠而有趣的事情來做的成年人定能大大幫助你恢復信心。當這個人每天可靠地在你的身邊，知道你是誰，直呼你的名字，關心你發生的事情，我們就能明白這種與成年人的情感是如何建立起來的。

老師所具有的特殊權威，會因為他們負責照料整個班級而更加突出。老師還因孩子日益增加的社會理解力，而可以採用更正式的辦法瞭解孩子。

在整個小學過程中，老師繼續扮演著關心和照顧的角色，但他們主要的目的是在教學和孩子的成績上。他們的中心目標不同於母親。但這兩個角色經常混淆起來，並由此產生了許多不愉快。

在學校的前幾年裡，孩子對老師的情感特別強烈。

當他必須離開一個非常喜歡的老師，轉向另一個新老師時，對父母來說也是一大憂慮。雪莉 (Shirley) 便是一個例子。她的媽媽獨自一人把雪莉和她弟弟撫養成人。她有一份兼職工作，因此，當雪莉愉快地去上學，她感到非常寬慰，並以她獨立的小女兒為傲。

雪莉特別喜歡一個老師，一個很親切，像慈母般的人，在幼稚園期間，雪莉一直與她保持聯繫。到了七歲，她從幼稚園轉入了小學，有一個非常嚴肅的新校長和一個希望大家順從、聽話的導師。

雪莉變得畏縮而不快樂，回到家裡也不再談論學校的事情。但是，有一天，她媽媽偷聽到她和玩具熊說話，發現雪莉竟對這個很喜歡的玩具非常粗暴和憤怒。她媽媽非常同情可憐的玩具熊，輕輕地把它撿了起來。突然，雪莉對學校的所有不滿之情都傾瀉了出來。看她由生氣轉為傷心，媽媽抱著女兒，似乎從那

一刻起,雪莉覺得她又被准許把自己的煩惱帶回家了。

她媽媽遺憾地意識到這種轉變對雪莉帶來多大的打擊。儘管她早就明白新學校會是一個很大的變化,但她有信心雪莉會喜歡學校,並且很快就能重新習慣。幼稚園的老師發覺到雪莉渴望一份母愛,但它卻變成一種過於依賴的關係,而不能幫助她擺脫這種依賴。

和父母早期的關係還有一些方面會轉向老師。多數的小孩以為他們的父母什麼都知道,非常有權力。這種想法太容易轉移到傳授知識學問的老師身上。但是,好老師還想幫助孩子學會自我思考,喜歡探究,努力解決問題找出答案,並以創造性方法去運用技能。

這未必要得到那種無所不知,不給孩子發展空間的老師的幫助,父母也能充分準備著給孩子思考和探索的空間,願意接受他們本身能力的限度。這樣,他們的孩子會有一個值得他們尊敬的榜樣,那並非萬能,

而是能真實可靠地回答他們的問題的人。

老師特別希望討好所有的孩子。凱斯的老師允許他一起看書的時候靠在她身上；他難過的時候安慰他；而同時在羅賓的身上，她面臨了另一種有趣的挑戰。別的孩子具有不同的性格特徵：害羞的孩子需要鼓勵來增強信心；機敏的孩子需要不斷的刺激；遲鈍的孩子需要時間。老師也有自己的性格，比較習慣某些孩子。從某一點來看，大多數的孩子都能跟著自己的老師專心於學業上，這是顯而易見的。

安頓意謂著什麼？

在校安頓下來能夠符合老師、父母和孩子的興趣。這本書已經談到過使這點成為可能的一些發展，包括

智力，社會面和情感面的成長，過去經驗的影響，以及社會的期望，就像他們的家人和他們接觸的大多數人所表現的那樣。

安頓暗示了承認學校的權威，接受一個大組織中不可避免的限制。它意謂著考慮其他的孩子，找到你們的路——既是指從建築物本身來看，亦指從團體規則及其價值的觀點來看。

對七歲孩子進行調整的要求，在這一年及整個小學過程中會越來越多。大多數孩子都有可能滿足這些要求，因為成功地應付這些要求的結果往往能得到滿意的報酬。

自我評價能力隨著學到的新技術及新成績而提高。在這其中，並不是只有學會新的社會技能，成為團體中的一員也會帶來很大的滿足感，而且學會處理團體內部所出現的困難對孩子的將來有很大的益處。

成為有秩序、有規律的團體中的一員，這種感覺
使得老師不必如暴君般，就能夠單獨對付整個班級的
學生。

學習與課程

這本書常常使用「學習」這個詞。現在，該是考
慮這個詞最常用的意義的時候了。那就要談到它所包
含的「讀、寫、和算」。大多數有小孩的父母都聽說過
國家課程。在英國，它還處於新發展的階段，但是，它
的總體概念是要在重要階段每一門科目的教學上，用
更正式的安排計劃，代替那套由學校視察團監督的非
正式的舊標準。

對於七歲孩子來說，並不是只特別要求英數方面

的讀、寫、算，對於經過所謂的標準評定課業分等級和測驗的科學、技術、歷史和地理也有同樣的要求。藝術、音樂和體育課程也包含了各年齡層次的特殊活動和符合他們的期望，但不經過相同的測驗。

還有許多值得討論的問題，尤其是關於測驗七歲孩子的方法，毫無疑問，這些方法會隨著時間改變。國家課程還沒定下來，因此，可能產生一些混亂，也可能帶來制定普遍標準的好處。

給父母的學校報告單將包括他們孩子所有科目的成績，以及班級的總體成績。這種報告單可能會很複雜。

對於大多數七歲孩子的父母來說，最簡單、最重要的檢驗學習標準依然是孩子在閱讀方面的進步。如果閱讀能力不好的話，他們知道其他各科都會受妨礙。

威廉(William)的媽媽深信他有閱讀困難，並為此

與學校發生了爭執。她堅持說威廉需要特別的幫助，而老師則爭辯說威廉平時沒有誦讀困難的跡象，班上還有比她兒子更需要特別幫助的孩子。夾在老師和媽媽中間，威廉一直低著頭，默默無語。

　　校長意識到這個情況，建議他們讓學校的教育心理學家給威廉做一次獨立的判斷。做了這工作之後，她發現對他們辯論的起因頗有啟發。媽媽的焦慮是可以理解的，因為大家明白了威廉的爸爸小時候在學習閱

讀方面有相當大的困難，而且深深感到他一直疏忽，差一點為時已晚。儘管他現在閱讀能力很好，但他還是叫妻子幫他拼音，他妻子相信她的孩子是一個尚未被發覺的誦讀困難者。

剛擔任這工作的老師，對聲稱比他這個專家更懂得誦讀困難的媽媽感到很生氣。父母和老師都沒能冷靜地看待真正的情況。在此同時，威廉自己不是學習閱讀，反而在學著逃避學習。

讀是學習能力的第一大測驗，儘管智力很重要，但學習會牽涉到更廣的層面。想要更加瞭解學習如何進行，就有必要審視相關的情感，包括承認有些事情你並不知道；忍受不安定的情感，忍受學習困難時的挫折和失望，最後，儘管失敗，仍要有學習的念頭。

失敗的經驗可能導致其他情感的產生，這得視孩子的個性及先前的經驗而有所不同。有些孩子會作出

焦慮和逃避的反應，像威廉那樣；有些孩子會絕望地放棄。那些開始時充滿希望的孩子現在可能會覺得他們很愚蠢，因為他們可能被不斷而苛刻的批評或嘲弄所打垮。

國家課程不僅關心孩子學到的事實和數字，好的拼音能力和工整的書寫，而且認知到學習必須養成聽、觀察、發現和解釋的習慣。老師設法使他們的課程生動有趣，好讓學生理解事實，學到所有這些好習慣，但是，他們還必須幫助學生保持興趣，戰勝失敗；那也意謂著要時時處理一些強烈的情感。

如果在正式上學的第一年中，能成功地做到這一點，那麼，對將來的學習是個好的開始。父母認為和老師的關係是很重要的，這點毋須懷疑。學習絕不可能是一條通向成功的筆直道路，但這條路將會是，而且應該是一條有價值的路。

什麼是正常的?

　　首先，學校是一個孩子用來和他人比較與被拿來比較的場所。注重對孩子成績的測驗和衡量似乎暗示著每個孩子必須達到一個標準。瞭解你的孩子優缺點何在是非常有用的，但強求孩子在每方面都達到標準就顯得過於專橫了。太注重標準還意謂著一個特殊孩子的天賦會被忽視。

　　什麼是正常的通常也可以說成什麼是平均的。而平均只是用來說明全部範圍內中等部分的一種方法。有些孩子在平均以下而有些孩子在平均以上，這是不可避免的情形。有些事情是比較容易接受的，如身高和

體重，除非是很極端的例子。一個有多年經驗的老師承認他特別同情這種孩子，他十二歲的時候小學剛畢業，身高已達六英尺，他記得他還曾經為此而度過一段艱難的時光。因為人們不斷依照身高而不是依照他的年齡對他抱著期望，所以長高的壞處遠超過好處。

　　現在，他是一個特別高大的成年人了，他常回想起曾經多麼想變得矮一點，作為班級裡的最高個，他花了很長的時間才與班上同學相處得來。

這位老師的例子能提醒人們，他人的期望對孩子會有多麼大的影響，以及當這些期望並不合適時會變成多麼不舒服的壓力。這個老師曾是個非常聰明的男孩，但是他仍然覺得受到不合理的逼迫。

他還提醒我們處於平均之上並不容易。一個七歲孩子曾被認為很有天分，智商超凡，他媽媽卻被她所肩負的責任感壓垮。她是自願選擇做單身母親，但是，這時候她卻很想有個人和她一起討論問題。她還覺得有個天才小孩的情況等於設置了一種障礙，使她不能在學校與其他家長交談，因為他們會覺得她在吹噓。與老師談也使她覺得困窘，似乎她在要求學校作出特殊的安排，而這對一個非常擁擠的都市學校而言，是很有壓力的。

其他家長或者老師對一個傑出的天才兒童產生不滿的情緒也許是基於經驗。換種方法可以說這是一份

期望，要求這樣的孩子在各方面完全依靠自己。若孩子在許多方面剛好處於平均水準，成為多數之中的一份子，對父母和孩子來說都會感到舒坦多了。

認為每個孩子可以用正常作為衡量的標準，這個觀點還會引發出另外一個問題，即：不能達到那個目標就表示這個孩子出了問題。那會產生一種令人不愉快的分類結果，選擇去責備孩子的失敗等於責備老師用錯了教育方法。

學習閱讀的問題

例如，人們一直討論教閱讀的最佳辦法，不管流行什麼，總應該按照對學生最有好處的方式進行。事實上，多數老師採用混合的教學方法，而多數孩子也

採用混合的學習方法，不管是看、說、發音、構詞、造句、閱讀寫作、理解或其他方面。只強調一種方法無疑會對一些學生造成困難。有一些方法偏重在提供有吸引力的閱讀書籍，另一些則偏重在提供處理生字的規則。

這一章想闡述的另一點是感情也是有效學習的重要因素，這點可以用班(Ben)的故事加以說明。班的媽媽生病住院，他爸爸在家照顧他。班在學校裡聽課和閱讀時變得非常吃力，他的閱讀能力原本就落後，現在更是一點進步也沒有。

班的老師越來越擔心，請班的父母到學校去。他爸爸親自去了一趟，跟老師解釋說班的媽媽病得很重。他聽到班上課時不聽老師的話，覺得很吃驚，因為班在家很乖，也很會幫忙。他曾對班說媽媽快要死了，所以當她回家時，他應該要很懂事，因為他們父子倆必

須共同照顧她。

父親所說的這種情況使老師認為班也許很害怕長大，害怕承擔這重大的責任。因此也就可以理解他為什麼不願學習閱讀或別的事，因為這些會加快他的成長。老師便開始對班偶爾畫的圖感興趣，在這些畫中暗示著可怕的災難。他叫班把畫中故事說給他聽，在這些畫中，他需要有個人來負責的渴望非常明顯。

講故事本身，以及老師對於故事的理解對班很有幫助，老師也向他的父親建議，多考慮一下他的年紀，在家少給他壓力。雖不大清楚他平常行為粗魯的原因，但是壓力減輕之後，這種現象也改善了。後來，他媽媽情況好轉之後，他才講當初他有多憤怒，因為他覺得現在說出來比較安全。由此來看，便能瞭解他在校行為暴躁和在家表現良好的對比情況了。

閱讀特別容易使人對成長產生焦慮。所以說，他

們不願意去發現，也不想知道。這與他們不想承擔家庭困難有關。或者，這些問題本身使人過於分心，心中沒有空間能容下學校裡的事。

當一個孩子不信任老師時，也會發生無法閱讀的現象。已經學會懷疑權威，或者不承認老師懂得比他們多的孩子，不會很快地與老師建立良好關係，而這個聯繫在這個階段非常重要。

菲力浦(Philip)在會讀書以前需要很大的幫助，但是他是個很聰明的孩子，喜歡讓大人帶他到博物館參觀，似乎在這種參觀過程中學到了許多知識。他非常希望自己更聰明、更成功，但又幾乎不能容忍別人教他。他看不起老師，認為上課很無聊，儘管他努力想自學，但是到了將近八歲，還是幾乎沒開始閱讀。

這種抵制相伴著對父親產生怨恨。菲力浦記得他小的時候和父親在一起感到很快樂。後來，父親突然

不得不花許多時間出去工作的變化，令他覺得很失望。菲力浦事先沒有任何心理準備，弄不清楚他爸爸為何要常常出去。

　　羅貝卡(Rebecca)則以另一種方式表示她對大人權威的不信任。老師認為她很聰明，但又說她總是喜歡告訴其他孩子該做什麼，而自己從來沒把時間和精力花在讀書上。這個霸道的小女孩不願承認她做事比不上她姐姐，即使在很小的時候，她總想自己一人做任何事，做不好的時候，她就發脾氣。她很聰明，所以很多時候她應該能成功，但是她現在養成了不願適當地聽從別人指導的習慣，總是沒耐心去等待結果。就某種程度而言，當她潛藏的高智商與不耐煩的個性及高度競爭精神結合時，就會對她的課業及成績形成障礙。羅貝卡覺得她必須在別人教她前就知道每一件事。從這個意義上說，她是聰明反被聰明誤。

學習讀書確實需要自信心和掌握某事的慾望。班、菲力浦和羅貝卡都把他們的自信心放在追求不到成功的那方面。控制天生侵略性的行為，把它們變成自信是學習的一個重要步驟。

　　這意謂著太放肆的孩子還有一些問題，像查理斯(Charles)那樣激進性格被抑制而變得極其被動的孩子也是。當別人介紹他玩一些遊戲，希望他變得更活潑，更有競爭性，他卻看起來既不想贏，又不想輸。太激進和太被動似乎同樣危險，最後，在鼓勵之下，他冒險參加了棋類遊戲，這個遊戲的威脅不是太大，而他則漸漸地變得勇敢起來了。

　　如果對讀書提供的直接幫助不起作用，那麼，來看看繪畫，故事，和遊戲如何協助處理閱讀困難的感受，並能更輕鬆地應付讀書，這是很有趣的。

　　或許，看過這些有閱讀困難的孩子，我們必須記

住有時候困難的發生是因為老師不接受或不理解孩子。一個快樂的、健談的孩子常被斷定為表現優異，而害羞的孩子可能因太大的壓力而表現落後，或者，勇於向障礙挑戰的孩子卻得不到讚賞。老師與孩子之間的不和諧，不僅僅是孩子單方面的問題。

無論是哪一種方法，我們兜了個圈子，又回到了和老師的關係上，希望孩子和老師之間，從我們開始，能好好配合。

與同學之間的關係

和別人關係的狀況是學會更瞭解自己的一種方法。孩子們開始時與兄弟姐妹的關係可以繼續發展到同學之間。不僅僅是父母和老師會，孩子自己也會和

別人比較。這種傾向可以用來激發競爭，它能鼓勵人努力奮進，但也可能誘使人模仿他人的作品，因此而毀掉孩子自身的獨創性和自發性。

七歲孩子開始認同不同於家庭的團體，並且從中發現了另一個天地。作為團體的一員，與大家相聚在一起直到一個計劃完成是有益處的。由於合作所產生的認可對孩子相當地有價值。

在學校運動比賽中為自己班級歡呼是一個忠誠表

現的例子。這種忠誠意謂著必須學習一些其他的道德觀念。雖然對老師撒謊在一兩年後才會受到輕蔑，但七歲孩子已經不大可能在成年人面前互相抱怨了。

當七歲孩子瞭解要求和權利時，友誼也有了更堅實的基礎。朋友能幫著把想法結合起來，遵守規則，公平地玩耍，分享工作和勝利的喜悅。

在這個年齡，競爭和合作的加劇是和已經強調過的發展相聯繫的，包括更堅定的認同感和更加理解他人思維運作的能力。孩子愈擁有自己的個性，愈容易讓自己暫時沈入在與別人共享一切的樂趣中。

七歲孩子還要往競爭和合作更成熟的結合而努力。另外，有些孩子會有傾向競爭或傾向合作的性格特徵，一部分是他們本身的氣質；還有一部分是家庭偏愛的結果以及他們與兄弟姐妹相處的經驗。一個孩子偶爾會處於這個極端或那個極端，但是許多七歲孩

子在有些時候已能設法去將競爭轉化為特別成熟的真誠共享。如果他們有時不能做到這一點，我們也不必過於吃驚。

成為班級中一員的能力，需要在學校生活中，在課業上，及在運動場上一遍又一遍地揣摩。七歲孩子可以從班級同學擴展到校外更廣的交遊。從大量的遊戲和休閒活動中可以感受到這些新忠誠度和社會技能的影響，我們會在下一章中談到這個問題。

不願上學

家庭和學校都和孩子開始拒絕上學的問題有關係。這使得父母和老師感到緊張和憂慮，也為他們及孩子帶來了苦惱。

很多時候，只有在不願上學發展到拒絕上學時候，家長才給予孩子真正的關心，並採取一些措施。事後通常可以發現，在崩潰之前，是可以看到警告訊號的。

對學校感到焦慮通常只是一系列現象和情感的一部分，屬於孩子的那一部分又很難加以解決，所以，要提出幾條可能的理由並不容易。因此，對這些情況通常也沒有什麼對策。

我們已找出一些是和孩子不願或拒絕上學有關係的問題：一個男孩喪失了部分聽力，而無人知曉；一位母親簡直不能忍受她五個孩子中的老么大部分時間都在昏迷；一個男孩害怕他不在家的時候他媽媽會發生什麼事；一個女孩摔斷了腿而在家休養，拒絕回到學校引起別人注意和同情的眼光。

這些理由實際上也不算是充分的解釋，因為許多其他的孩子儘管也有類似的事情發生在他們身上或家

庭裡，他們還是設法去上學。事實上，對於來自問題家庭的孩子來說，學校的可靠和秩序使他們的痛苦得到了喘息的機會。

責備家長也是不好的——母親尤其容易受到批評。從孩子的觀點出發，為了安心在校而所需的調整也許在這一章中已充分地強調了。但是，我們也不能理所當然的指責學校，畢竟，多數孩子都能調整過來，而不會感受到太多的痛苦和憂慮。

這個叫布萊恩(Brian)的男孩，喪失了部分聽力，他發現身邊每個人都在責備：「這件事本不該發生的；」「為什麼老師（醫生、校醫、媽媽）沒注意呢？」布萊恩完全想通了，相互埋怨是一種減輕罪惡感的方法。但這對失去信心的布萊恩並沒有多大的幫助，他不知道自己聽力有問題，只是因為自己都不懂就覺得自己很笨。他除了需要聽力上的幫助之外，還需要重

建信心。

　　琳達(Lindy)的媽媽很容易接受琳達想出待在家
裡的藉口。她不是故意不讓琳達上學，當琳達偶爾的
藉口變得越來越頻繁，學校的社工也來拜訪她的時候，
她很害怕。到了這個關頭，琳達的爸爸才開始關心起
來，由於父親對家庭事務的干涉，從而出現了轉機；
不僅使琳達回到學校，而且也給了妻子及時的支持。

　　還有許多的例子可以說明，引起父親的注意也包

括在計劃之內，對每個人，包括孩子，不僅相當重要，也是一大安慰。

　　當愛瑪(Emma)的腿傷治好了以後，她媽媽傾聽了她的煩惱，並對她很難趕上班級同學表示同情，不過，她相信愛瑪會恢復。這份信心，對於避免把同情變成同謀是很重要的。儘管她的老師已經把功課送到家裡給愛瑪，但再回到課業上，無可避免地，還是會有一些問題。

　　多數孩子都會有由於某種理由不願上學的情況。在介紹學校生活的書中，這種例子比比皆是。並非每個不情願就是將來拒絕上學的危險信號，身為家長，你應該聽聽孩子的煩惱，趁早整理出潛在的問題，並確信上學是最好的事，這麼做即使並不完美，但至少能避免問題擴大。

　　孩子自己也會抱怨學校的問題，例如某個老師如

何如何或者其他孩子的霸道。當凱斯告訴媽媽有個男孩威脅著搶他東西的時候，媽媽問他希望怎麼樣，她應該像前幾年一樣去學校把事情告訴老師嗎？凱斯不想她這麼做，因為這樣會使他覺得自己像娃娃。他也不想自己去找老師。談話結束之後，凱斯受到了鼓勵，能夠面對他一直以來逃避與那個男孩的對抗。與媽媽的談話還提供他一個很好的機會，幫助他坦然正視自己在成長過程中，一直過於依賴母親的情感。

有時候，孩子對體育和運動顯得非常憂慮。抱著同情的態度處理這些問題，也可避免對上學的抗拒情緒上升為完全拒絕；一旦不上學的「榜樣」樹立起來，就很難將它打破。所以，強調讓孩子馬上回到學校是很有必要的，無論用什麼特殊安排都得讓孩子忍受。

即使主要的過錯在學校這一邊，在認為轉學是解決的方法之前，必須仔細考慮，在許多情況下，隨著

轉學很快就會產生一些問題。儘管如此，仔細安排的改變還是顯得很有必要。適時地說再見是很重要的。

在父母不知道的情況下逃學，對這個年齡的孩子來說是不常見的。這個現象支持一個觀念：逃學並不是單純地逃避學校。最重要的原因有時候只是一些已經忘記的小事，曾經住院，或者父母鬧離婚的危機。如果問題確實很嚴重，那麼，需要以家庭或個人的治療方式請求一份外來的幫助。

無論什麼原因，如果孩子拒絕上學，通常是對家庭和學校之間的合作進行重大的考驗。

第四章

遊戲與想像力

單獨玩耍

　　七歲孩子大部分是和其他孩子一起玩耍，他們似乎從來不選擇單獨玩耍。但是，多數孩子也會有想要獨處的時候。在這種獨處的時刻，可以不必考慮別人，

或者配合別人。這種時候他們可能會在家裡做模型、畫畫、著色、縫縫補補或者使用各種器具，這些都需要七歲孩子已經具備的相當高的手工技能。

事實上，正是這個年齡，許多技能和興趣都在發展，以至於孩子開始時，滿懷熱情地參與許多事情卻半途而廢。也是這個年齡，孩子開始對自己努力的成果吹毛求疵。他們會覺得很難使他們的畫和模型看起來像真的一樣，因此而垂頭喪氣。應該給予多大的壓力讓孩子先完成一件事再做另一件事，這中間要有一個限度，不要讓沮喪削弱創造力，這才是最重要的。

嗜好和收集同樣容易在持續一段時間後放棄。在這過程中可能會學到一點東西，但是任何與教育有關的方面都不是孩子真正的快樂源泉。收集是一種快樂，可是強調把它變成一種嚴肅的資料研究只會使人產生厭倦，而且會再一次扼殺自發性和獨創性。收集的物

品對父母來說也許是廢物，如票和標籤等等；此外，它也不值錢，而價值也不是最基本的因素。

像個玩具商，收集對加強自身人格方面，扮演著重要的角色。和兄弟姐妹或其他人競爭保有財產權的兇惡程度，說明了對所有權的感情力度。然而，一旦所有權得到了穩固，這個靠鬥爭來保住自己財產的孩子會顯得很大方，願意與人分享。收集的部分樂趣經常在於可以和其他孩子比較和交換。

這是七歲孩子典型的行為。對所有權的自豪感不一定與東西的大小、價值有關，就如許多父母所發現的那樣，買了特別禮物之後，他們總感到失望。父母普遍這麼抱怨：「我花了這麼多的錢，但他卻從不碰它。」

在玩耍和學校活動之間又存在著某種聯繫。讀書是一個明顯的例子。所有的孩子都希望，家是一個在

嚴格的學校生活和正規的學習之後得以放鬆的地方。對許多孩子來說，很多時候他們就是看電視，聽流行音樂，玩電動玩具遊戲。

對孤寂和害羞的孩子來說，這就是替代與其他孩子的玩耍，但是，在許多家庭裡，他們並不特別孤單。即使是一個人獨自看電視，聽音樂，或者玩遊戲，這些活動也可能成為他們與朋友或家人討論和爭辯的話題。現在該轉到早已簡單介紹過「與其他孩子玩耍」的問題上。

與別人一起玩耍

七歲孩子遊戲的範圍因遊戲種類的增加而擴大，其規則和步驟在較小孩子的能力範圍之外。這種遊戲

可以使用到新的計算和閱讀能力；加上各式各樣的理解力，認知度和忍耐度，這些，都已經在前面討論過，是七歲孩子逐漸發展的一部分。

只有孩子才會特別努力地去適應這些更苛求的團體遊戲。早先與校外孩子打成一片的經驗為此提供了有利的背景，但是，要消除在同一家庭內孩子之間的緊張關係，還是很困難。

為使團體更加融洽，孩子們會做各種嘗試。比如，兩個獨生女孩都有一個十分親密的好朋友。貝蒂(Betty)找到了一個比她大，會照顧她的朋友；而梅姬(Maggie)的朋友則比她小，與她在一起，梅姬可以當指揮，兩人好像都在努力彌補什麼似的。

當我們觀察假日在海邊玩的孩子，我們可以發現他們似乎很快就結交到朋友，尤其是和那些年齡相仿的小孩。不過，要保持長期的友誼卻不容易，這是這

個年齡傷心的主要原因。蘿拉與其他小孩都相處得很好，但她還有一個經常玩在一塊兒的朋友。當這個朋友搬到別的地方時，她真的感到很難過，要給她很大的鼓勵她才肯出去玩，這是非比尋常的。另一方面，湯姆不管和哪一群孩子在一起幾乎都能玩得很開心。他也沒有特別要好的朋友。當然，他們兩個都是「正常的」孩子。沒有絕對的友誼模式，只有合理地付出與獲得的一種關係需求。

和父母友好地玩耍也值得特別提及。只有孩子才會經常纏著父母。比如，玩棋類遊戲。對所有孩子來說，即使是在大家庭裡面，這是一種相當具有啟發性的經驗。用這種安全的方法戰勝父母或是其他成年人，孩子會格外具有滿足感，這份興奮之情足以證明比賽的真實性。最後，沒人真正失敗的事實，使得遊戲變成了一種有效方法，去學會應付得失之強烈情感。和

父母玩遊戲另外的益處，在於父母以優雅風度看得失
的榜樣。

　　不過，多數的遊戲是在新交的朋友圈子裡進行的，
當然，主要指學校裡的朋友。遊戲若在家中進行，遊
戲的程度則取決於空間的大小和家庭的規矩。以前那
些能夠在家中進行，不超過五人的活潑遊戲已經不大
可能了，但是像捉迷藏和套圈圈之類的遊戲通常還是
允許的。

交朋友的主要意義在於能讓你的孩子有機會拜訪，看看不同習慣的家庭，從而繼續七歲孩子的比較過程，和豐富他的經驗。

在戶外，使用大型設備可以幫孩子樹立信心，也能幫助孩子發洩被抑制的精力；當然，集體遊戲，不管是室內的還是戶外的，都需要七歲孩子有處理競爭方面的應變能力。從合作的觀點來看，團隊遊戲有特別的要求，也就是說，為了隊的整體利益而摒除個人利益。這對於必須堅持還不太穩定的個人意識的七歲孩子來說，是過分的要求。

在學校或放假，如果周圍有大人在，規則就可以維持很長一段時間。但是，在戶外，遊戲會比較自然，因此，常以原始般的粗野和混亂而發生，並不值得大驚小怪。

遊戲是為了娛樂。一方面，當孩子有自由擺脫許

多的限制和要求的時候，遊戲會變得更活躍。另一方面，七歲孩子仍然需要非常熟悉的環境，以及合理保障遊戲真正自由和自發的組織結構。這樣，獲得的滿足感是很大的。運用想像力的機會是豐富生活的一種方式，不管是現在還是將來。遊戲是好玩的，但並非不重要。對任何一個孩子來說，沒有遊戲的生活就是狹隘而枯燥的。

想像力

為什麼說在遊戲中運用想像力很重要？它牽涉到什麼？暗示著什麼？假裝的能力是在童年時期發展起來的，它意謂著你的孩子能夠理解不是馬上觀察得到的事物，他知道什麼是真的，什麼不是真的，理所當

然，停下來去想想呈現出來的意義，是值得的。

你還記得七歲孩子早些時候玩假裝的遊戲，你們一同分享到的那份快樂嗎？比如，你是如何被孩子邀請加入遊戲，假裝從玩具杯裡喝酒？我們瞭解這種遊戲，在某方面來說，也解決了他們給我們出的難題，而且結果似乎是非常令人滿意的。這種「讓我們來假裝」的遊戲是區別現實和想像空間的開始，也是為了好玩。

七歲孩子也會把想像力用於繪畫，把幻想帶進洋

娃娃或模型的遊戲中。當他們被人發現在自言自語的時候，他們會覺得很難為情，因此，總是很秘密地玩這種遊戲。也許部分原因是因為父母會對孩子「生活在自己的世界裡」而感到憂慮。

要求七歲孩子知道區別事實和虛構，也是父母普遍擔心的一個問題。出於實際原因，父母需要知道，他們的孩子是否在講真話。有時候，因為發覺孩子愛空想，而感到灰心喪氣。

無論如何，在這個時期，孩子願意和其他孩子共同玩假裝遊戲。這本書一開始就談到的蘿拉和湯姆，我們知道他們從很早的童年開始，對真實世界的理解已經有很大的進步，也能更徹底地理解別人。現在，他們希望當他們建立一個幻想世界的時候，別人也能理解他們正在做些什麼。他們的假裝遊戲現在已經換成了另一種形式。

蘿拉會叫她的朋友加入她的想像世界，就像她在幼稚園時一樣，但是現在她也準備好接納朋友的想像世界。他們共同激發出來的幻想會讓他們思緒飛揚，遊戲也能根據每天在家或在校時所觀察到的情形而進行，但是「假裝」這個事實毋庸置疑。不過，這種遊戲還是會牽涉到真正的情感，是一種解決現實世界的感情的方法。

允許另一個人的世界影響自身世界，敞開自己的這種經驗，不僅僅是一個更友好的遊戲基礎，而且更可能進行其他交流，從而創造學習基礎。

想像力的運用會提醒人們世界並非僅僅由真或假所組成。頑皮的幻想也能變成喜劇，七歲孩子有可能去嘗試新發現的幽默感。因此，四月「愚人節」的玩笑、謎語、惡作劇以及文字遊戲都很流行。儘管迷信在其具有好玩的性質時，特別地盛行，但孩子已不像

早期那麼相信魔法存在了。這種針對現實的遊戲似乎有一個很有利的作用，那就是，允許孩子以更溫和的方法與現實相妥協。

此時，幻想的同伴通常會逐漸地失去，但幻想永遠不會消失。這可以被解釋成作夢，但卻能創造一個能夠駕馭的世界。另外，它也是一種方法，可以加深理解什麼是可能的，提供你的思想自由邀翔和創造的經歷。這種創造和超越現實的能力在人的成就當中最為輝煌。

第五章

對父母的
一些看法

這本書的重點在孩子身上，意圖側重於理解，而不在於建議。我們希望我們所描述的這些發展能幫助所有關心七歲孩子的人理解，什麼期望對孩子是合適的。

不管怎麼樣，從一個孩子到另一個孩子，學校成績、獨立傾向、社交能力、語言技巧和其他更多的性格特徵方面，這麼大的範圍，要訂出一套單一的制度來幫助七歲孩子健康快樂地成長，是不可能的。

相反地，如果你要稱為建議的話，也是該透過觀察、傾聽和交談，你對孩子的理解才會增強，你的孩子會更有趣、更快樂，也許還會更順從呢。和他們交談還有益於增強他們的語言能力，這是和朋友聊天時無法做到的。

讓孩子健康、快樂地成長是我們的目標，但我們不得不承認，完全的幸福是不可能的，一定會有傷心

的時候。而且，有時很奇怪，孩子就是無法與你分享悲傷。因為七歲孩子更有能力去理解和關心別人的想法和情感。因此，別人的想法會影響他們。把感情表露出來對男孩和女孩來說，都比以前更容易接受，一個對情感感到害怕或害臊的孩子，也許始終無法明白別人的悲哀或傷害。

自己的生活

儘管七歲孩子現在有許多時間在學校裡或和朋友一起度過，父母依然承擔著一天二十四小時的責任。即使家裡沒有其他更小、更依賴父母的孩子，父母還是有很多的煩惱，擔心孩子會做什麼，其他孩子如何評價他，他在回家路上是否安全，在晚會上表現好不好，

和新老師相處得好不好?

　　但是，如果父母有自己的生活，對七歲孩子來說，反而有益。父母對孩子過多的關心稍稍緩和減輕些，會使雙方更覺自由。許多母親，尤其是那些獨自把孩子撫養成人的母親會說，她們多麼想念友伴。出外工作也許有幫助，但還是無法滿足渴望更親密、更值得信任的友誼的需求。

　　有個上學的孩子的好處是，它能增加與其他家長接觸的機會，而且很容易發現父母樂於關心學校的功能，幫助舉行節日盛會，參加學校舉辦的郊遊。另外，也許有一些家長是不大情願的，他們是因為孩子要求而做這些事。

　　不管你以什麼方式過自己的生活：外出工作，信任一個親密朋友，參與學校或其他方面的計劃，與同伴郊遊等；讓孩子有脫離父母管教的某些時間是有必

要的。

調整與危機

　　調整，有時候說起來似乎是孩子應存在的一種永久狀態，完全調整和完全幸福一樣不可能。它是一個對每個變化或新挑戰適應多少的過程。如果成功的時候多過了失敗，那麼，我們事實上有了一個調整良好的孩子。

　　從某一方面來說，對孩子的每一個新要求都是一種危機，但有些時候也需要一些變化，比如在發展過程中。這是成長過程中正常發生的一部分。有些變化，像上學，在我們社會中是不可避免的；還有一些也很有可能發生，如新生兒的誕生。

對這些事情，期望值會很大，但所要求的變化還是可以處理，而且沒有太多的為難之處。「真正的危機」通常是和意想不到也令人不悅的事情連在一起的；如一位家長或孩子生病住院，一位親戚或朋友生病、死亡，失業，一些當地的災難。這些都需要重新調整你的生活，靠別人的支持，鼓起勇氣應付危機，你就會覺得你處理問題的能力改善了。

幫助七歲孩子處理自己生活中的危機，也可以讓他們用一種更好的方法應付將來的問題。家長很容易低估一些使孩子產生重大變化的要求，有一些甚至被看成是成長過程很自然的一部分，或者認為「他們年紀太輕，還不懂事」而擱置一旁。

孩子安全度過危機的經驗有助於他再次面臨時產生信心。當然，家庭的重要性在這時非常明顯，把家當作一個可以發洩感情的地方，值得信任和慈愛的父

母就比什麼都重要了。

❦

家庭歷史

父母常常不加思索而做的一件事情是掌握家庭歷史，這包括七歲孩子把你們無意之中對他的評論牢牢記住的個人歷史。

孩子當然會問關於他們過去的一些問題。當家庭照片或其他記錄拿出來分享的時候，這些活動會加強特殊的家庭觀念以及他們在家中所處的地位。

但是，還有一種更隨意的方法，使歸屬感不斷地加強。比如：小女孩看到媽媽給小弟弟餵奶，媽媽告訴她：「當你還是嬰兒的時候，媽媽也是這樣餵妳的。」小男孩得到鼓勵把玩具箱倒出來，扔掉一些舊玩具，然

後，只決定保留奶奶送給他的第一個玩具；有人提醒
「那是你曾經上過的幼稚園。」或者，媽媽看著信說：
「你那位很久以前去了加拿大的珍妮阿姨要來看我
們。」

　　這種例子不勝枚舉，其作用也是很大的。除了記
錄他們的個人歷史，他們還提供一種模式去把這些事
情系統化，並使它們更有意義。他們愈能使自己的生
活富有意義，就愈會覺得他們的生活是可以控制的。

七歲的成年人生活觀

掌握家庭歷史的另一面是，父母會產生對未來的看法，並以相似、隨意的方法傳給孩子。孩子能聽到關於「世界會變成什麼樣」的評論，並或多或少也能理解。

七歲孩子對將來主要關注的問題很可能屬於個人程度。成長是怎麼一回事，對此他們有什麼看法？這不再完全以他們父母的生活方式作為基礎，雖然這點仍然很重要。孩子不斷地在觀察，並努力理解周圍的世界。

　　儘管成年人的生活有兩方面他們特別感興趣，但是事實上不可能也不應該透過直接經驗讓他們理解。我們不會把孩子捲入親密的性關係中，也不會要他們做全職工作。實際上，法律能防止這兩類事情發生，當然，孩子對性和工作有自己的看法，不管是在現實生活中，電視節目中，或是周圍成年人的評論和態度，但都是根據有限的觀察而得來的。

　　七歲孩子在理解抽象觀念方面還有些困難，這又會增加理解的局限性。儘管在前面幾章已稍提到了孩子對「性」日漸增強的好奇心，但我們仍未公開地闡

述。在解釋性的時候需要誠實，這一點已談了很多，但仍需在孩子的理解範圍之內，以免觀點被錯誤的想法或推諉之詞所扭曲，而可能曲解他們的態度好多年。

並非許多孩子都能對「你長大以後想成為什麼（或做什麼）」這個問題做出合理的回答，他們對工作的描繪還是基於他們所看見的具體面，而這些也許是真正工作不重要的一面。

於是，警察可以被描繪成一個駕著警車，攔住超速汽車的人。這些是根據實際觀察而得來的。另外，也可根據間接經驗而得，如：「他們抓犯人」或者諸如此類的話。但是，真正包含的想法，如「維持紀律和秩序」則不大可能產生。他們可能知道這些話，但對於七歲孩子而言，畢竟太抽象了一點。

孩子對於什麼工作是值得的看法同樣有限，因此，他們會覺得做一名汽車駕駛員，似乎比做一名老師更

難，基於老師只須整天講話這一觀點來看。

即使駕駛不再像舊傳統那樣——每個男孩子都希望成為火車司機——但它對許多孩子來說，仍是一個重要的抱負。當你仍想努力控制自己的身體和強烈感情的時候，控制一架強大的機器，一定很具吸引力。這種感覺就像是一條擁有成年人的力量和勇氣的捷徑。

另外一些抱負，如成為一名醫生或護士也可能根據親身經驗母愛，因而有股想照顧他人的慾望。因此，傳統上這些早期理想，尤其對女孩子而言，是不足為奇的。就如同想當駕駛員，它們表達了一種與成年人，尤其是和你生活中最重要的成年人平等相處的願望。

七歲孩子對於成年人工作的許多看法是令人高興而滿意的；但是它們仍然是成長掙扎中的一部分。我們希望在這本書中，已經表達了這種奮鬥的一些快樂和困難。

參考資料

☐ *On Learning to Read: the child's fascination with meaning*, Bruno Bettelheim, Thames & Hudson, London, 1982

☐ *Children's Minds*, Margaret Donaldson, Fontana, 1978

☐ *Parenting Threads: caring for children when couples part*, National Stepfamily Association, 1992

☐ *The Emotional Experience of Learning and Teaching*, Isca Salzberger-Wittenberg, Gianna Henry & Elsie Osborne, Routledge & Kegan Paul, London, 1983

協詢機構

☒中華兒童福利基金會臺北家扶中心

(02)351–6948

臺北市新生南路一段 160 巷 17 號

□臺北市私立天主教附設快樂兒童中心

(02)305–8456, 307–1201

臺北市萬大路 387 巷 15 號

□臺灣世界展望會

(02)585–6300 轉 230~231

臺北市中山北路三段 30 號 5F

□財團法人中華民國兒童福利聯盟文教基金會

(02)748-6006

臺北市民生東路五段 163-1號 3F

□財團法人臺北市友緣社會福利事業基金會

(02)769-3319

臺北市南京東路 59巷 30弄 18號

□財團法人臺北市覺心兒童福利基金會

(02)551-6223, 753-5609

臺北市中山北路二段 59巷 44弄 3號 1F

□財團法人臺北市聖道兒童基金會

(02)871-4445

臺北市天母東路 6-3號

□臺大醫院精神科兒童心理衛生中心

(02)312-3456轉2390

臺北市常德街1號

□中華民國兒童保健協會

(02)772-2535

臺北市忠孝東路四段220號8F

□中華民國兒童保護協會

(02)775-2255

臺北市延吉街177號8F

□中國大陸災胞救濟總會臺北兒童福利中心

(02)761-0025, 768-3736

臺北市虎林街120巷270號

□財團法人中國兒童福利社（附設諮詢中心）

(02)314-7300~1

臺北市中正區武昌街一段16巷5號

三民書局在網路上與您見面囉！

從此您再也不必煩惱買書要出門花時間
也不必怕好書總是買不到

有了三民書局網路系統之後
只要在家裡輕輕鬆鬆
就好像到了一個大圖書館

全國藏書最齊全的書店
提供書籍多達十五萬種
現在透過電腦查詢、購書
最新資料舉手可得
讓您在家坐擁書城！

● 會員熱烈招募中 ●

我們的網路位址是http://sanmin.com.tw

~親子叢書系列~

瞭解你的嬰兒
瞭解你一歲的孩子
瞭解你二歲的孩子
瞭解你三歲的孩子
瞭解你四歲的孩子
瞭解你五歲的孩子
瞭解你六歲的孩子
瞭解你七歲的孩子

瞭解你八歲的孩子
瞭解你九歲的孩子
瞭解你十歲的孩子
瞭解你十一歲的孩子
瞭解你十二～十四歲的孩子
瞭解你十五～十七歲的孩子
瞭解你十八～二十歲的孩子
瞭解你殘障的孩子

父母的成長從瞭解孩子開始